# JÓVENES
# ADOLESCENTES EN
# EMBARAZO**S** ᴬ
# S.O.S
# ITUACIÓN

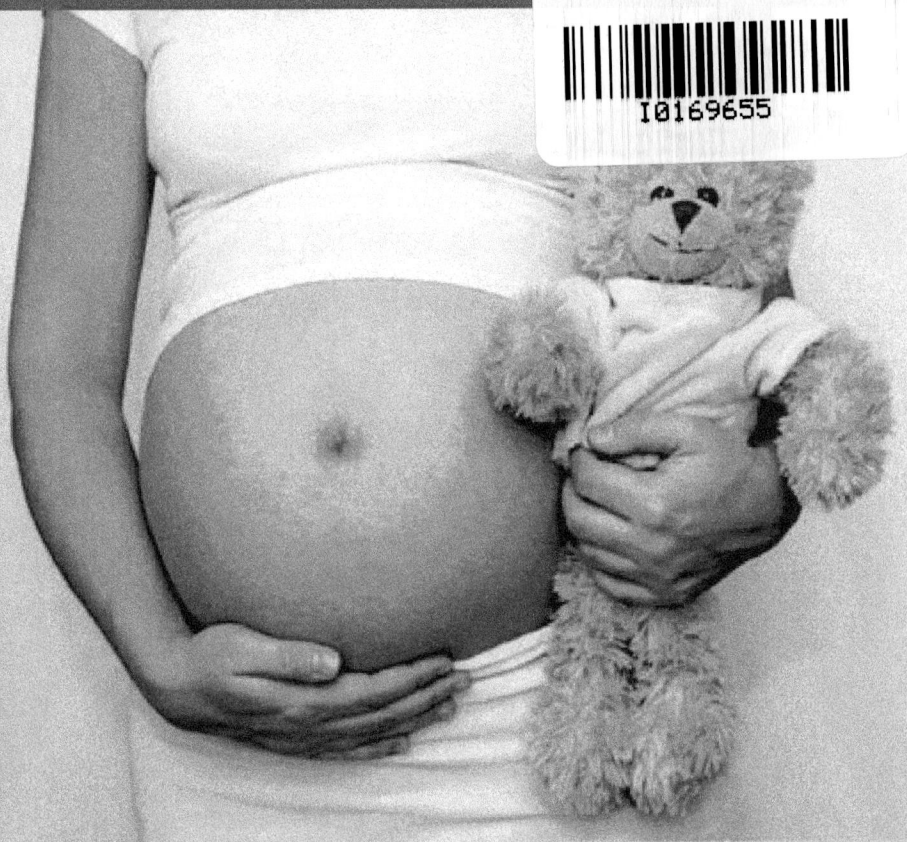

## OTRA MODO DE VER LA EDUCACIÓN SEXUAL

Rubén Borunda - Víctor Medrano - Luis Martínez

Rubén Borunda E.   Víctor H. Medrano N.   Luis Fco. Martínez R

Diseño gráfico: Lic. Yuliana Montalvo C.

ISBN-13: 978-0998062723 (Lyceum)

ISBN-10: 0998062723

Jóvenes Adolescentes  en Embarazosa **S.O.**Situación

# DEDICACIÓN

Esta obra está dedicada especialmente a los que viven la etapa de la infancia, que en este momento son el futuro de la sociedad; a la juventud que aspira hacer realidad los sueños construidos en la infancia; a las personas maduras que de algún modo, siguen transitando en el camino de una vida plena; a los adultos que son el ejemplo para los jóvenes, pero de manera muy especial para los padres de familia, que son fuente de enseñanza y que buscan en sus hijas e hijos personas de bien. Esperando en todos ellos, que esta obra sea de utilidad suficiente para educar en nuestros niños y jóvenes, en un tema tan delicado como es el sexo y sexualidad.

# CONTENIDO

# INTRODUCCIÓN

La situación que se presenta en las jóvenes adolescentes embarazadas, es de una preocupación alarmante, como se reflejará en la primera parte, describiremos los datos a nivel mundial, nacional, estatal y local de las jóvenes adolescentes embarazadas, en el cual, en los últimos años se ha ido incrementando constantemente el número de jóvenes embarazadas, y que dicha situación genera riesgos que ponen en peligro la vida de las adolescentes y la del bebé, además con serias consecuencias que pueden truncar su plan de vida de los jóvenes adolescentes.

En la segunda parte, se hará una abstracción sobre la dimensión ontológica del ser humano, considerando que una de las principales causas de las jóvenes embarazadas, es el desconocimiento de lo que es en su esencia y existencia del ser humano.

En la tercera parte, se realizará un análisis, referente a lo que en la actualidad se le llama sexo, en relación sobre la sexualidad y hacer el amor. Haciendo una distinción sobre estos términos, y la trascendencia de las personas, referente a estos actos humanos.

Así mismo, se abordarán los temas, la importancia de las normas como medio de prevención para evitar o disminuir los embarazos en las jóvenes adolescentes, y se concluye con una serie de reflexiones y agenda de vida para que el ser humano o las personas, re orienten su dignidad humana y alcanzar una plena o vida lograda.

# PRIMERA PARTE

## PADRE A LOS 13 AÑOS

Habrás leído la noticia que dio vuelta al mundo en relación de Alfie Patten, de 13 años y Chantelle Steadman de 15 años de edad respectivamente, originarios de Eastbourne, Reino Unido, concibieron a una bebé en febrero del 2009, haciéndolos los padres de familia más jóvenes, sino es que los más niños, del planeta.

Aun cuando no pensaron en las consecuencias, el embarazo de la adolescente Chantelle, permaneció oculto durante 18 semanas de gestación, hasta que decidieron informar a sus padres de la situación, pero antes decidieron acudir al médico para comprobar su estado de embarazo.

Chantelle, desconocía su embarazo hasta que acudió al médico, pues padecía de ciertos dolores en el estómago, y es ahí en ese momento que se realiza la prueba de embarazo resultando positiva la prueba.

Tiempo después, Chantelle y Patten, declararon ante los medios de información que la concepción de su hija fue producto de su primera vez realizando el acto sexual, cuando ella tenía 14 años y él 12 años[1].

Como se podrá observar, el comportamiento y acciones de estos niños, reflejará lo que hoy en día padecen un gran porcentaje de jóvenes adolescentes al quedar embarazadas a tan temprana edad.

Sin embargo, con excepción de África, el Caribe y América Latina es donde se presenta el índice de embarazo precoz más alto de la región con un 38 por ciento de jóvenes adolescentes que se embarazan antes de tener la edad de los 20 años. Otro informe del   Fondo de las Naciones Unidas para la Infancia (UNICEF), sobre la Población Mundial 2012 de Naciones Unidas "…muestra que en México, 87 por ciento de cada mil niñas de 15 a 19 años se quedaron embarazadas. En Ecuador la cifra llega a 100, Guatemala (92), Honduras (108) y Venezuela (101). Las cifras más bajas de la región se dan en Argentina, con 68 de cada  mil niñas de 15 a 19 años embarazadas, Chile con 54, Uruguay con 60 y Brasil con 71. En Estados Unidos las cifras bajan a 39 de cada mil y en España caen a 13"[2].

Otro dato interesante para su análisis, en relación a la situación que padecen las jóvenes que se  embarazan antes de los 19 años o a temprana edad, es que a nivel mundial, se presentan 16 millones se embarazos de mujeres adolescentes[3].

Esta problemática social no es exclusivo del Reino Unido, sino también se manifiesta en todos los países del mundo, en todas las clases sociales, en algunos lugares en mayor escala y en otros países en menor escala, pero también dependerá de las condiciones socio cultural, económico y político de un país.

## AUMENTO DE MADRES ADOLESCENTES EN LAS CIUDADES DEL PAIS

La situación de las jóvenes adolescentes embarazadas, que en su momento era más representativo en zonas rurales, en la actualidad, ésta tendencia de jóvenes adolescentes embarazadas se está presentando con mayor frecuencia en zonas urbanas.

Según declaraciones de Nashely Ramírez, directora de la organización Ririki Intervención Social y consejera de la Red por los Derechos de la Infancia... "las características del embarazo adolescente se han modificado en los últimos años en México, al pasar de un fenómeno exclusivo de localidades rurales o de usos o costumbres indígenas, a un reflejo de la marginalidad urbana"[4].

En otras palabras, el embarazo en adolescentes se ha incrementado en ciudades en donde antes no se presentaba este fenómeno con altos índices de jovencitas embarazadas. Pues según datos del Censo de Población y Vivienda, la fecundidad entre las jóvenes que viven en ciudades, a excepción de las grandes urbes, el porcentaje es mayor que la media nacional, de tal manera, que el embarazo de jovencitas ocurre con mayor frecuencia en comunidades urbanas que en comunidades pequeñas, de tal manera que la media nacional de las adolescentes, de entre 15 y 19 años de edad que han sido madre, es del 12.4 por ciento, de tal forma que ya sobrepasa la tasa de embarazo de adolescentes, así lo señaló la especialista, Nashely Ramírez[5].

Otros datos interesantes de observar que nos proporciona el Instituto Nacional de Estadística Geografía e Informática (INEGI), y que incide en la taza de embarazo en adolescentes son los siguientes: "...en las comunidades menores a los 2 mil

500 habitantes el 14.3 por ciento de las mujeres de entre 15 y 19 años son madres, mientras que en las ciudades medias la cifra es de entre el 12.6 y el 13.5 por ciento… En las ciudades con más de 100 mil habitantes la tasa de embarazo adolescente es del 10.8 por ciento….cerca de 8 mil niñas de entre 12 y 14 años y otras 700 mil de entre 15 y 19 ya son madres… también se detectó que más de 830 mil niños son hijos de madres menores de 20 años"[6]. Otro dato preocupante sobre el incremento de embarazos de adolescente es la que nos proporciona la Encuesta Nacional de Salud y Nutrición, donde arroja que entre el 2005 y 2011 se incrementaron los embarazos de jóvenes de 30 a 37 por cada mil mujeres, de igual manera el número de mujeres atendidas por motivo de embarazo, con un rango de edad de 12 a 19 años, "aumentó un 10 por ciento en los últimos doce años, pero que se incrementó en los últimos seis años al pasar de 64% en 2000 a 65.2% en 2006, para alcanzar 74.4% en 2012…al mismo tiempo, el porcentaje de adolescentes de 12 a 19 años que han iniciado la vida sexual fue de 23% en contraste con un 15% en 2006"[7].

De acuerdo a datos proporcionados por la Secretaría de Salud (SSA), en el año 2010 se atendieron 197 mil 338 entre niñas y adolescentes por caso de parto espontáneo o aborto. Así también en el año 2010, que dentro de la atención de hospitalización de niñas o adolescentes de los 10 a 14 años, el principal motivo fue por maternidad con un porcentaje del 29.7. Cabe señalar que dentro de estos datos se encuentran cerca de 4 mil 800 atenciones por parto espontáneo y mil 326 por aborto.

Otro dato peculiar de las adolescentes de entre los 15 a 19 años de edad, el 88.4 % fueron hospitalizadas por razones de maternidad, así mismo se atendieron a 163 mil por parto y 28 mil por aborto, esto durante el año 2010[8]. Según datos obtenidos en la última Encuesta Nacional de Salud y Nutrición, revelan que "en México, la mitad de las mujeres de 12 a 19 años que inician su vida sexual quedan embarazadas…México ocupa el primer lugar de embarazos adolescentes en la Organización para la cooperación y el Desarrollo Económico (OCDE): 64 por cada 1.000....en 2012, del total de partos en el país, el 17.6% corresponde a adolescentes de 10 a 19 años y en 10 mil casos la madre es una niña de entre 10 y 14 años"[9].

Por otro lado, El Fondo de las Naciones Unidas para la Infancia (UNICEF), estimó que en México uno de cada seis nacimientos provienen de mujeres menores de 19 años... y otra estadística proporcionada por la (UNICEF), en un 0.06 por ciento de las niñas mexicanas de 12 años han tenido al menos un hijo[10].

De los países miembros que componen la Organización para la Cooperación y el Desarrollo Económico (OCDE), México es líder a nivel mundial, en cuanto a la población de adolescentes embarazadas, pues según datos de este organismo señala que en México se registraron 466 mil 881 casos de adolescentes embarazadas con una edad de entre 12 a 18 años, y esta cifra es exclusiva del año 2013. En dicho estudio también refleja que la edad promedio, cuando se inicia la vida activa sexual en los mexicanos, se estima entre los 15 y los 17 años, pero se detectó que en el año 2013 que 82 mil mujeres menores de 14 años ya habían iniciado su actividad sexual[11].

Otro de los datos interesantes para su observación, son los resultados arrojados por la Encuesta Nacional de Salud, que fue publicada en el año 2012 en donde " el 23 por ciento de las niñas de 10 a 19 años tienen relaciones sexuales y que de éstas, el 51 por ciento han estado embarazadas al menos una vez"[12].

Otra encuesta realizada a nivel nacional, en el año 2010 se detectó que en México se realizaron "un millón 900 mil partos, de los cuales el 18 por ciento, es decir 457 mil madres, eran mujeres entre 12 y 19 años de edad. Otro 0.4 por ciento, o sea mil 900 madres, eran menores de 10 a 12 años al momento de tener a su bebé, por lo que muchas de ellas todavía no llegan siquiera a la secundaria... a nivel nacional hay 32 casos de menores de 19 años que ya cuentan con nueve hijos[13].

Durante el año 2013, 467 mil mujeres adolescentes tuvieron un bebé antes de cumplir los 20 años de edad, lo que significó que de cada 5 nacimientos registrados, uno le corresponda a las madres jóvenes de esa edad, además de esa cifra, 11 mil de esos nacimientos son niñas madres, de entre 10 y 14 años de edad[14].

Otro dato tomado por parte del Instituto Mexicano del Seguro Social (IMSS), y de acuerdo a sus datos estadísticos (2014), señala que "en el país el promedio diario de partos es de mil 252, lo que representa que aproximadamente cada minuto una joven se convierte en mamá"[15].

Como se podrá observar, la situación de las adolescentes embarazadas se está incrementando cada día, el aumento en el índice de actividad sexual entre los adolescentes, son problemas a nivel mundial, sin embargo en nuestro país, en el estado y en nuestra ciudad, esos índices o indicadores cada vez son mayores que la media mundial.

## CHIHUAHUA, CON ALTOS INDICES DE ADOLESCENTES EMBARAZADAS

Según datos proporcionados el Instituto Nacional de Estadística, Geografía e Informática (INEGI), el estado de Durango, tiene la tasa más alta en relación de jóvenes embarazadas entre las edades de 15 a 19 años de edad, con 79.56 por ciento. Después del estado de Durango, existen otros estados como Chiapas, Guerrero, Chihuahua, Coahuila, Nayarit y Sinaloa, que también tienen indicadores altos en cuanto a jóvenes embarazadas se refiere[16].

Chihuahua es el estado más grande, territorialmente, de la república mexicana, su población rebasa los 3 millones de habitantes, de tal manera que no se puede comparar con los estados de Jalisco, Nuevo León, Estado de México y el propio Distrito Federal, en cuanto a su densidad poblacional. Sin embargo, Chihuahua "...en los últimos años, es reconocido como el primer lugar en embarazos prematuros en México"[17].

La asociación civil Vida y Familia (VIFAC), cuyo objeto social es brindar apoyo para aquellas mujeres que se encuentran desamparadas por motivos de embarazo, señalan que "En Chihuahua hay 400 niñas de 10 a 14 años de edad que están embarazadas, y junto a adolescentes de 15 a 19 años que también están en esta situacion, suman más de 6 mil"[18].

De las ciudades del estado de Chihuahua y durante el año 2013, ciudad Juárez ocupa el primer lugar de jóvenes adolescentes con mil 842 nacimientos, la ciudad de Chihuahua con mil 039 en la misma situación[19].

En el estado de Chihuahua, el 25 por ciento de los embarazos son de jóvenes de adolescentes, esto de acuerdo a datos estadísticos  señalados por la doctora Leticia Ruiz González, subdirectora de Salud Reproductiva, pues hasta el mes de julio del 2014, han recibido atención 6 mil 545 de jóvenes embarazadas, lo que representa el 25 por ciento del total de embarazos[20].

Según declaraciones por parte de Eusebio Rubio, director de la Asociación Mexicana para la Salud Sexual, señala que a partir del año 2005 se presenta un incremento de jóvenes embarazadas, a tal grado que para el año 2014 el 20.3 por ciento de los embarazos en Chihuahua corresponde a jóvenes mujeres de 15 a 19 años de edad, dato que representa 14 mil 026 nacimientos[21].

Con estas datos, las ciudades de Juárez y Chihuahua son las localidades con el mayor porcentaje de adolescentes embarazadas, pero al mismo tiempo el estado de Chihuahua ocupa el quinto lugar a nivel nacional en embarazos de adolescentes, según la nota periodística  del Norte de ciudad Juárez del día  2 de febrero de 2015, en la sección 1-B.

## EL 40 POR CIENTO DE EMBARAZOS EN CIUDAD JUAREZ SON DE ADOLESCENTES

El director de la Jurisdicción Sanitaria número II, Héctor Puertas Rincones, señaló que en ciudad Juárez, de cada diez embarazos, cuatro corresponden a jóvenes adolescentes, esto como producto donde los menores de edad inician su vida sexual a muy corta edad estimada en promedio a los 13 años.

Por otra parte, y con datos de marzo de 2011, el propio director de esta institución sanitaria mencionó que, "el 40 por ciento de embarazos que se registran en esta frontera corresponden a adolescentes por lo que es necesario informar a los jóvenes y concientizarlos sobre el riesgo de convertirse en madres a temprana edad"[22].

Otro dato interesante de análisis, en relación de jóvenes embarazadas, son las estadísticas del Sector Salud en el área de Salud Reproductiva en donde "...en sus 30 unidades de salud (cuatro móviles y el resto fijas) son alarmantes ya que en el 2006, 37 de cada 100 embarazos que se atendieron fueron exclusivamente de adolescentes, sin embargo el porcentaje en el 2010 aumentó un 3 por ciento y en la actualidad (2011), durante los dos primeros meses, la suma rebasó ya el 43 por ciento. En el 2010, la Jurisdicción Sanitaria II atendió 50 mil 485 consultas de primera vez y subsecuentes, de las cuales 20 mil 271 fueron de adolescentes embarazadas, lo que viene a ser un 40.1.

Por lo que el índice en ciudad Juárez indica que de cada mil adolescentes potencialmente suelen embarazarse 108. Durante los meses de enero y febrero del año (2011) en curso, se atendieron mil 545 consultas, de las cuales 545 fueron adolescentes de primera vez, lo que representa un 42.7 por ciento en el primer mes; mientras en el segundo periodo la consulta total fue de mil 776, las cuales corresponden a 616 jovencitas primerizas, porcentaje que se elevó a un 43.4, lo que demuestra el empeoramiento"[23].

De acuerdo a los datos proporcionados por María Guadalupe Medina Salas, responsable de Salud Reproductiva en la Jurisdicción Sanitaria II, señaló que aproximadamente cuatro de cada 10 alumbramientos en el Hospital de la Mujer durante el año 2011 fueron de adolescentes menores de 19 años. "de los 14 mil 924 nacimiento en dicho nosocomio, 6 mil 226 correspondieron a madres de 19 años de edad o menos, es decir, el 41 por ciento[24]. Sin embargo, se estimó para el año 2012, en ciudad Juárez dos de cada cinco menores de edad, de entre los 10 y los 19 años, se convertirán en madres, esto según datos de la Jurisdicción Sanitaria, pues "los embarazos de los adolescentes han ido al alza en los últimos años, ya que en el 2009 se registraron 5 mil 527 jóvenes en estado de gravidez mientras que en el 2011 aumentó a 6 mil 228"[25].

En el transcurso del año 2012, se ha ido incrementando de manera  notable, el número de jóvenes embarazadas, así tenemos, que por cada 10 embarazos por primera vez, cuatro de esas jóvenes embarazadas son menores de 19 años, que se convertirán en madre. La coordinadora de Salud Reproductiva de la Jurisdicción Sanitaria II, Guadalupe Medina, destacó que hasta el mes de agosto del 2012, de los 7 mil 711  embarazos que se atendieron, un 44 por ciento de estos embarazos correspondieron a adolescentes, que en su gran mayoría cuentan entre los 15 y 19 años de edad[26].

De acuerdo al "Estudio en Salud Materno-infantil Fronterizo indica que en el 2010, la tasa de embarazos en mujeres de 12 a 19 años de edad era de 169 por cada mil habitantes y en el 2011 aumentó a 189 adolescentes, en tanto que la media nacional fue de 110.....el número de adolescentes embarazadas va en incremento en esta frontera, pues mientras que en marzo del 2012 el 37 por ciento de las mujeres que dieron a luz eran menores de 19 años, en julio aumentó a 41 por ciento y en septiembre al 44…"[27].

Durante el año 2012, el Hospital de la Mujer en ciudad Juárez registró la atención a jóvenes embarazadas a un total de mil 800 partos, en donde la edad fluctúa entre los 15 y 19 años, mientras que en año 2011 los partos registrados de jóvenes adolescentes fueron de mil 746, donde además se incluyen 52 partos de adolescentes entre los 12 y 14 años de edad, según declaraciones de Eduardo Maldonado Ávila, director del Hospital de la Mujer[28].

Si comparamos los datos porcentuales en cuanto a las jóvenes embarazadas, en los primeros seis meses del año 2013, con respecto al 2012, encontramos que en el 2012 de todos los embarazos, 39.6 por ciento correspondió a jóvenes adolescentes, mientras que en el año 2013 se incrementó a un 43 por ciento de jóvenes embarazadas, y en todos los casos en un rango de edad entre los 12 y 19 años, estos datos fueron proporcionados por Mauricio Acosta, subdirector de la Jurisdicción Sanitaria II, además señaló que "El 2013 ha sido el año donde más embarazos se han presentado ya que ha aumentado un 40 por ciento que otros años. Éste ha sido el año más crítico, tenemos un 40 por ciento más de aumento que en otros años, ya que tan solo en junio (2013) se atendieron seis mil 50 consultas de embarazos donde el 45 por ciento es de adolescentes"[29].

Así mismo, Guadalupe Medina coordinadora del programa de Salud Reproductiva de la Jurisdicción Sanitaria II, informó en una entrevista al Diario de Juárez, de fecha del 26 de septiembre de 2013, que en el marco de la Semana de la Salud del Adolescente, se tiene el dato que en esta frontera que el 43 por ciento de los embarazos corresponde a mujeres adolescentes entre las edades de 10 a los 19 años.

"Tienen menos de 19 años 4 de cada 10 mamás aquí", es el encabezado de la nota periodística del Diario de Juárez del día 3 de noviembre de 2013, en la sección 1-A en donde se señala que durante el año 2012, aproximadamente se asistió 2 mil 500 embarazos de mujeres adolescentes menores de 19 años en ciudad Juárez, y en la misma nota, se resalta que "En chihuahua hay 400 embarazadas de entre 10 y 14 años y junto con adolescentes de 15 a 19 años en la misma situación, suman más de 6 mil, según datos de la asociación Vida y Familia (VIFAC)"[30].

Otro dato que llama mucho la atención, es el publicado en el Norte de Ciudad Juárez, con fecha del 1 de febrero de 2014, en donde la nota principal señala que "Adolescentes, el 62% de las embarazadas". Con información proporcionada por María Guadalupe Mendoza Saláis, coordinadora de Salud Reproductiva de la Jurisdicción Sanitaria número II, señaló que "Más de mil 700 adolescentes tuvieron el año pasado a su tercer hijo, mientras que más de 6 mil 300 dieron a luz a su primer bebé... De 13 mil embarazos que atendió el personal de la Secretaría de Salud en Ciudad Juárez, 8 mil fueron de adolescentes entre los 10 y 19 años de edad, entre los que se encontraban 384 menores de 12 a 14 años…el 38 por ciento de las adolescentes tuvo su primer embarazo, el 27 por ciento a su segundo hijo y el 22 por ciento a su tercer hijo"[31].

Otro dato estadístico en relación a jóvenes embarazadas, es el que proporciona el Hospital de la Mujer, y según declaraciones de Roció Patricia Barraza Ornelas, directora de esta institución de salud, señaló, "Durante el 2013, el Hospital de la Mujer atendió aproximadamente 6 mil nacimientos, de los cuales el 25 por ciento fue de menores de entre 13 y 16 años, es decir, dio servicio a mil 500 jovencitas"[32]. Sin embargo, hasta el mes de septiembre del año 2013, y con declaraciones de Lizeth Gutiérrez, coordinadora del programa de Salud Reproductiva de la Secretaria de Salud, se atendierón "dos mil 759 embarazos, el 40 por ciento de ellos en mujeres menores a los 17 años…Para finales del 2012, el 39.6 por ciento de todos los embarazos registrados en la ciudad fueron adolescentes, situación que cambia para este año (2014) en donde actualmente ya se rebasa el 43 por ciento de menores embarazadas"[33].

Por otra parte, el Instituto Mexicano del Seguro Social (IMSS), y con declaraciones del médico supervisor delegacional, Javier Salas de la Paz, en el mes de febrero de 2015, en cuanto la atención a jóvenes embarazadas en esta frontera en donde, entre un "17 al 18 por ciento de las 9 mil 500 a 10 mil mujeres que se embarazan y son atendidas por el IMSS son menores de 19 años"[34].

Como se puede observar, la situación de jóvenes embarazadas es una situación a nivel mundial, nacional, regional y local, en donde se refleja un incremento, cada día, de mayor magnitud, y como consecuencia una población de mujeres madres en esta etapa de la adolescencia. Por eso es necesario hacernos las siguientes interrogantes:

- ¿es necesario un análisis profundo de la educación sexual que se ofrece a nuestros jóvenes?
- ¿comprenderán los riegos que conlleva un embarazo en la etapa de la adolescencia?
- ¿estarán los jóvenes adolescentes preparados emocional y físicamente para la responsabilidad de procrear a un nuevo ser?

# JOVENES EMBARAZADAS EN CIFRAS

Él de 13 y ella de 15, concibieron a una bebé en febrero del 2009, en Inglaterra.

Con excepción de África

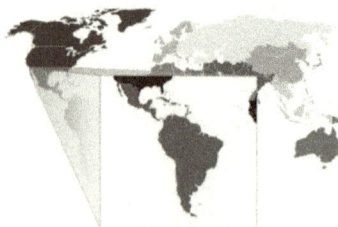

"América Latina y el Caribe tienen el índice más alto de embarazo precoz con 38 por ciento de jóvenes que se embarazan antes de tener los 20 años de edad".

"A nivel mundial se presentan 16 millones de jóvenes embarazadas a temprana edad o menores de 19 años". (2014)

El Fondo de la Naciones Unidas para la Infancia (UNICEF), en un informe del año 2012 sobre la población mundial, en donde, por cada mil niñas, con una edad de 15 a 19 años que se embarazaron, arrojaron los siguientes resultados:

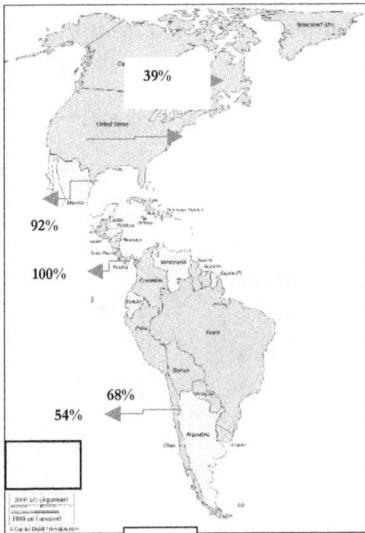

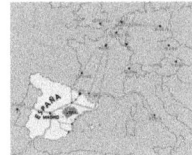

"en México, 87 por ciento de ca... niñas de 15 a 19 años se quedaron embarazadas. En Ecuador la cifra llega a 100, Guatemala (92), Honduras (108) y Venezuela (101). Las cifras más bajas de la región se dan en Argentina, con 68 de cada  mil niñas de 15 a 19 años embarazadas, Chile con 54, Uruguay con 60 y Brasil con 71. En Estados Unidos las cifras bajan a 39 de cada mil y en España caen a 13"

## A NIVEL NACIONAL

La media nacional de las adolescentes  de entre 15 a 19 años de edad que han sido madres  es del 12. 4 por ciento, sin embargo:

"En las comunidades menores a los 2 mil 500 habitantes el 14.3 por ciento de las mujeres de entre 15 y 19 años son madres, mientras que en las ciudades medias la cifra es de entre el 12.6 y el 13.5 por ciento".

"En las ciudades con más de 100 mil habitantes la tasa de embarazo adolescente es del 10.8 por ciento….cerca de 8 mil niñas de entre 12 y 14 años y otras 700 mil de entre 15 y 19 ya son madres… también se detectó que más de 830 mil niños son hijos de madres menores de 20 años".

"Entre el 2005 y 2011 se incrementaron los embarazos de jóvenes de 30 a 37 por cada mil mujeres".

"El número de mujeres atendidas por motivo de embarazo, con un rango de edad de 12 a 19 años, aumentó un 10 por ciento "en los últimos doce años, pero que se incrementó en los últimos seis años al pasar de 64% en 2000 a 65.2% en 2006, para alcanzar 74.4% en 2012…al mismo tiempo, el porcentaje de adolescentes de 12 a 19 años que han iniciado la vida sexual fue de 23% en contraste con un 15% en 2006".

"De las adolescentes de entre los 15 a 19 años de edad, el 88.4 % fueron hospitalizadas por razones de maternidad, así mismo se atendieron a 163 mil por parto y 28 mil por aborto, esto durante el año 2010".

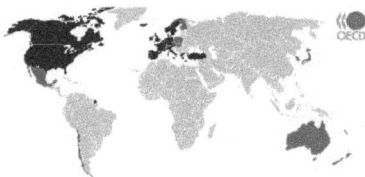

"De los países miembros que componen la Organización para la Cooperación y el Desarrollo Económico (OCDE), México es líder a nivel mundial , en cuanto a la población de adolescentes embarazadas, en México se registraron 466 mil 881 casos de adolescentes embarazadas con una edad de entre 12 a 18 años, y esta cifra es exclusiva del año 2013.

También refleja que la edad promedio, cuando se inicia la vida activa sexual en los mexicanos, se estima entre los 15 y los 17 años, pero se detectó que en el año 2013 que 82 mil mujeres menores de 14 años ya habían iniciado su actividad sexual".

"El Fondo de las Naciones Unidas para la Infancia (UNICEF), estimó que en México uno de cada seis nacimientos provienen de mujeres de mujeres menores de 19 años... y otra estadística proporcionada por la (UNICEF), en un 0.06 por ciento de las niñas mexicanas de 12 años han tenido al menos un hijo".

"Durante el año 2013, 467 mil mujeres adolescentes tuvieron un bebé antes de cumplir los 20 años de edad, lo que significó que de cada 5 nacimientos registrados, uno le corresponda a las madres jóvenes de esa edad, además, de esa cifra, 11 mil de esos nacimientos son niñas madres, de entre 10 y 14 años de edad".

"Otro dato tomado por parte del Instituto Mexicano del Seguro Social (IMSS), y de acuerdo a sus datos estadísticos (2014), señala que "en el país el promedio diario de partos es de mil 252, lo que representa que aproximadamente cada minuto una joven se convierte en mamá".

"El estado de Durango, tiene la tasa más alta en relación de jóvenes embarazadas entre las edades de 15 a 19 años de edad, con 79.56 por ciento. Después del estado de Durango, existen otros estados como Chiapas, Guerrero, Chihuahua, Coahuila, Nayarit y Sinaloa, que también tienen indicadores altos en cuanto a jóvenes embarazadas se refiere".

## A NIVEL ESTADO DE CHIHUAHUA

Chihuahua "…en los últimos años, es reconocido como el primer lugar en embarazos prematuros en México".

"En Chihuahua hay 400 niñas de 10 a 14 años de edad que están embarazadas, y junto a adolescentes de 15 a 19 años que también están en esta situacion, suman más de 6 mil".

"De las ciudades del estado de Chihuahua y durante el año 2013, ciudad Juárez ocupa el primer lugar de jóvenes adolescentes con mil 842 nacimientos,

La ciudad de Chihuahua con mil 039 en la misma situación".

"En el estado de Chihuahua, el 25 por ciento de los embarazos son de jóvenes de adolescentes, hasta el mes de julio del 2014, han recibido atención 6 mil 545 de jóvenes embarazadas, lo que representa el 25 por ciento del total de embarazos".

" A partir del año 2005 se presenta un incremento de jóvenes embarazadas, a tal grado que para el año 2014 el 20.3 por ciento de los embarazos en Chihuahua corresponde a jóvenes mujeres de 15 a 19 años de edad, dato que representa 14 mil 026 nacimientos".

"Las ciudades de Juárez y Chihuahua son las localidades con el mayor porcentaje de adolescentes embarazadas, pero al mismo tiempo el estado de Chihuahua ocupa el quinto lugar a nivel nacional en embarazos de adolescentes". (2015)

## LOS EMBARAZOS EN CIUDAD JUAREZ

"En ciudad Juárez, cuatro corresponden esto como producto edad inician su vida estimada en años". (2011)

.

de cada diez embarazos, a jóvenes adolescentes, donde los menores de sexual a muy corta edad promedio a los 13

"Con datos de marzo de 2011, "el 40 por ciento de embarazos que se registran en esta frontera corresponden a adolescentes".

**SALUD**

SECRETARÍA DE SALUD

"En el 2006, 37 de cada 100 embarazos que se atendieron fueron exclusivamente de adolescentes."

"El porcentaje en el 2010 aumento un 3 por ciento".

(2011), durante los dos primeros meses, la suma rebasó ya el 43 por ciento

"Se estimó para el año 2012, en ciudad Juárez dos de cada cinco menores de edad, de entre los 10 y los 19 años, se convertirán en madres"

Tan solo en junio (2013) se atendieron seis mil 50 consultas de embarazos donde el 45 por ciento es de adolescentes".

"En el Norte de Ciudad Juárez, con fecha del 1 de febrero de 2014, en donde la nota principal señala que "Adolescentes, el 62% de las embarazadas".

Para finales del 2012, el 39.6 por ciento de todos los embarazos registrados en la ciudad fueron adolescentes, situación que cambia para este año (2014) en donde actualmente ya se rebasa el 43 por ciento de menores embarazadas".

"En el mes de cuanto la atención a en esta frontera en 18 por ciento de las 9 mujeres que se atendidas por el IMSS años".

febrero de 2015, en jóvenes embarazadas donde, entre un "17 al mil 500 a 10 mil embarazan y son son menores de 19

"En el 2009 se registraron 5 mil 527 jóvenes en estado de gravidez".

"En el 2010, la atendió 50 mil 485 vez y subsecuentes, fueron de embarazadas".

Jurisdicción Sanitaria II consultas de primera de las cuales 20 mil 271 adolescentes

"Durante los meses de enero y febrero del año (2011) en curso, se atendieron mil 545 consultas, de las cuales 545 fueron adolescentes de primera vez, lo que representa un 42.7 por ciento en el primer mes; mientras en el segundo periodo la consulta total fue de mil 776, las cuales corresponden a 616 jovencitas primerizas".

"En el Hospital de la Mujer durante el año 2011…atendieron adolescentes menores de 19 años. "De los 14 mil 924 nacimiento en dicho nosocomio, 6 mil 226 correspondieron a madres de 19 años de edad o menos".

"Hasta el mes de agosto del 2012, de los 7 mil 711 embarazos que se atendieron, un 44 por ciento de estos embarazos correspondieron a adolescentes, que en su gran mayoría cuentan entre los 15 y 19 años de edad"...

"Más de mil 700 adolescentes tuvieron el año pasado (2014) a su tercer hijo, mientras que más de 6 mil 300 dieron a luz a su primer bebé… De 13 mil embarazos que atendió el personal de la Secretaria de Salud en Ciudad Juárez, 8 mil fueron de adolescentes entre los 10 y 19 años de edad, entre los que se encontraban 384 menores de 12 a 14 años…el 38 por ciento de las adolescentes tuvo su primer embarazo, el 27 por ciento a su segundo hijo y el 22 por ciento a su tercer hijo".

## RIESGOS EN LAS JOVENES EMBARAZADAS

Antes de describir los riesgos que pueden padecer las jóvenes embarazadas, es necesario describir el concepto de adolescencia, y de esta manera tratar de entender y comprender la situación por la que atraviesan las jóvenes adolescentes embarazadas.

El psicólogo Ricardo Villareal Robles, nos explica el concepto de adolescencia y señala, "la misma etimología de la palabra adolescente nos lo indica, pues significa 'en falta de...', una adolescente no está ni física, biológica ni mentalmente preparada para tener un bebé, el adoptar una responsabilidad así es saltarse dos pasos"[35].

Partiendo de esta definición y explicación sobre lo que es la adolescencia podremos, ahora sí, señalar los riesgos físicos, emocionales y económicos que presenta la adolescente embarazada:

- "En la etapa de la adolescencia existe una inmadurez orgánica que presenta durante el embarazo mucho más enfermedades como la placenta percreta y la hemorragia obstétrica, que a la larga concluye en abortos frecuentes, sobre todo en aquellas jovencitas que presentaron un parto a través de cesárea...

- ...Además que se desarrolla preclampsia, eclampsia, desnutrición y trastornos de ansiedad y depresión posparto, que pueden llevar al suicidio en las puérperas o maltrato en los bebés...

- ...existe el riesgo de que se desencadene en la nueva madre: anemia, descalcificación temprana, diabetes gestacional, falta de ácido fólico y alteraciones genéticas que afectan al dar a luz productos macrosómicos con malformaciones derivado de la falta de peso y la mala alimentación…

- …Ellas con un niño es difícil que tengan un proyecto de vida en el que se requiere dinero y tiempo, para los cuidados prenatales durante el embarazo y después de él, así como para la alimentación vestido y estudios del bebé, todo eso (madurez y acompañamiento) no se le puede brindar todavía una adolecente…

- …por todos esos factores un embarazo en adolescentes es de muy alto riesgo[36].

Aunado a estos factores de riesgo que pueden tener las jovencitas embarazadas, sino también los riesgos para el bebé, esos riesgos pueden considerarse desde graves hasta mortales, como es el caso de las enfermedades de trasmisión sexual (ETS), donde potencialmente el porcentaje de jóvenes embarazadas es de un 17 por ciento que pueden contraer algún tipo de ETS, y en consecuencia puede transmitirla de la adolescente embarazada al bebé.

De las enfermedades de transmisión sexual que ponen en riesgo la vida de la adolescente embarazada, se pueden mencionar las siguientes:

- "herpe genital
- vaginosis bacteriana (verrugas)
- clamidia
- tricomoniasis
- gonorrea
- hepatitis B
- sífilis
- VIH
- displasias
- enfermedad inflamatoria pélvica

- infertilidad e incluso hasta la muerte"[37].

De las enfermedades de transmisión sexual que puede adquirir el bebé, de la adolecente embarazada, y que son mortales para el bebé, se mencionan las siguientes:

- "mortinatos (bebé nace muerto)
- bajo peso al nacer (menos de cinco libras)
- conjuntivitis (infección en los ojos)
- neumonía
- septicemia neonatal (infección en la sangre del bebé)
- daño neurológico
- ceguera
- sordera
- hepatitis aguda
- meningitis
- enfermedad hepática crónica y cirrosis (enfermedades del hígado)"[38].

Las enfermedades de transmisión sexual, como se ha comentado, son tan dañinas tanto para las adolescentes embarazadas como para los bebés, que es necesario hacer conciencia de los riesgos de tener una actividad sexual a tan temprana edad en la adolescencia, ya que se tienen estadísticas a nivel nacional que un 30 por ciento de las adolescentes que tienen una vida sexual precoz han padecido alguna enfermedad de transmisión sexual, y con el mismo dato estadístico del 30% se tiene que ha embarazado a su pareja o qué sido embarazada[39].

De los riesgos que puede padecer una joven embarazada y que pone la vida de por medio tanto para ella como para el bebé, son los que se consideran embarazo de alto riesgo o parto prematuro, además de las jovencitas adolescentes que deciden abortar o tienen un tipo de aborto espontáneo.

Es indudable que el riesgo de las adolescentes embarazadas

de perder la vida es latente, pues "Actualmente (junio 2012) en ciudad Juárez existe un alto índice de mortalidad materna (25% de la mortalidad total en las mujeres) generada por la multigestas de jovencitas que deciden procrear aun cuando su cuerpo no está preparado para hacerlo.

El año pasado (2011) fueron once caso de mujeres, dos de ellas menores de 18 años, que murieron por problemas asociados durante el embarazo, parto o el puerperio (periodo después del parto de seis u ocho semanas que requiere el cuerpo para volver a las condiciones pregestacionales)"[40].

Sin embargo, el índice de mortalidad materna en adolecentes para finales del año 2011, se incrementó en un 32.4 por ciento cuando el índice debería de ser no mayor a un 20 por ciento. De tal manera que se tiene el dato que 10 jóvenes embarazadas, de entre 16 y 18 años de edad murieron durante el transcurso de los años 2007 al 2011[41].

Es tan alarmante los casos de mortalidad materna, a tal grado que únicamente en el Instituto Mexicano del Seguro Social (IMSS) tiene registrado que mueren el 7% de adolescentes que deciden abortar[42].

## RIESGOS EMOCIONALE Y CONSECUENCIAS EN LAS JOVENES EMBARAZADAS

Existen riesgos emocionales que las jóvenes padecen antes y después del parto, estos riesgos pueden ser temporales o permanentes, todo dependerá de cómo se acepte su situación de gravidez. Sin embargo estos riesgos no dejan de influir en el proceso de gestación de la adolescente y por lo tanto en su personalidad.
Enseguida enlistaremos aquellos riesgos emocionales que son más propensos afrentar las jóvenes antes, durante y después del parto.

- "Burlas, críticas, rechazo y marginación dentro de su círculo de amistades, familiares y hasta en el sector salud".[43]
- "En muchos casos sus padres las obligan a casarse, pero a los pocos años se divorcian, lo que les provoca otro daño emocional"[44].
- "Un embarazo a temprana edad ocasiona ansiedad y depresiones que no se pueden manejar tanto las muchachitas como la familia… Muchas se deprimen, otras demandan más tiempo, a algunas más les entra cuadros de angustia, de miedo o de coraje que en algunas ocasiones y si no cuentan con el apoyo de sus padres puede desencadenar violencia y riesgos para el recién nacido…Muchas de ellas dejan de comer y terminan con cuadros clínicos de anemia, incluso porque no se toman el ácido fólico y las vitaminas que

33

son tan necesarias antes, durante y después del parto, algunas más comen de más y tienen problemas de obesidad"[45].

- "Hay jovencitas que son rechazadas por sus propios familiares y las dejan con la responsabilidad sola pero se está dando otro fenómeno en que las familia las apoya con todo lo referente…Incluso hay casos en que los papas toman el lugar de padres del bebé en vez de abuelos con el fin de evitar que los jóvenes lleguen a un matrimonio obligado…En caso de que se tengan que hacer responsables del cuidado del bebé, una de las consecuencias es la disminución del tiempo para el descanso, recreación y para ellas mismas, así como llegar a ser señaladas por las demás amistades"[46].

Como se podrá observar los efectos emocionales de las adolescentes en tales circunstancias, también afectan alrededor de su círculo familiar y de amistad. Para una mayor comprensión de los efectos emocionales en las jovencitas embarazadas, el grupo Maná dedica una de sus melodías con la intención de hacer conciencia, y que las jovencitas visualicen los riesgos de tener un embarazo prematuro.

Letra Ana - Maná

"Ana tiene quince
niña se le vino un problemón
algo está creciendo
en su vientre hay algo en expansión el culpable ya huyó
pobre Ana sola se quedó
no le duele tanto eso
si no que lo niegue el maricón
Ana no lo cuenta
Ana llueve llanto en su colchón
y hay que ser discreta
ropa suelta esconde la ocasión

Se siente morir pobre Ana no quiere vivir
si en casa la descubren
la corren, la azotan, la matan
Ana se irá algún día, se irá para siempre
Ana se irá de este mundo se irá al jamás
Ana se irá algún día, se irá para siempre
Ana se irá de este mundo se irá al jamás
Por cierto en casa de Ana
claro nunca hubo comprensión
lo que más lamenta Ana
es que nunca hubo educación
Y en desesperación
la vida de Ana se esfumaba
y todo porqué aquél día
el globito y la conciencia se quedaron
en un cajón
Ana se irá algún día, se irá para siempre
Ana se irá de este mundo se irá al jamás
Ana se irá algún día, se irá para siempre
Ana se irá de este mundo se irá al jamás
se irá, se irá, se irá al jamás
se irá, se irá, se irá al jamás
se irá, se irá, se irá al jamás
se irá, se irá, se irá al jamás"[47].

Aparte de los efectos emocionales que pueden padecer las adolescentes en la situacion que nos ocupa, tenemos también ciertas consecuencias que afectan a las jóvenes, como las siguientes:

- "Las jovencitas que deciden aceptar su estado de gravidez verán truncados todos sus planes de desarrollo personal, ya que en la mayoría de los casos abandonan sus estudios y dependen por completo de sus progenitores porque ellas tendrán complicaciones para encontrar empleo por su corta edad…

- Si logran unirse con el padre de su futuro hijo, lo más probable es que vivan en casa de los suegros, ya que por lo general también ellos son adolescentes, lo que las hace más vulnerables a ser agredidas...

- En tanto que las adolescentes que no aceptan el embarazo pueden buscar un aborto, práctica que, de conseguirlo, les dejará mucha culpa y daño emocional que puede impedir  su desarrollo  o generar un trauma de por vida"[48].

- Otra de las consecuencias ante esta situación es que en ciudad Juárez el "80 por ciento de las mujeres embarazadas que se atienden en los diversos centros de salud, truncan sus estudios de secundaria y preparatoria  e incluso en casos muy remotos la primaria".[49]

Hay otra situación que se presenta después del parto en las jovencitas, pues de alguna forma carecen de cierta experiencia para desarrollarse como madre, "ya que dejan la diversión por la obligación", una obligación y responsabilidad, de por lo menos 18 años. Tal como las describe Franco de Vita en su canción "No basta", He aquí la letra de esta canción para su reflexión.


Letra No basta - Adrián ft. Franco de Vita

"No basta, traerlos al mundo porque es obligatorio
Porque son la base del matrimonio
O porque te equivocaste en la cuenta
No basta, con llevarlos a la escuela a que aprendan
Porque la vida cada vez es más dura
Ser lo que tu padre no pudo ser

No basta, que de afecto tú le has dado bien poco
Todo por culpa del maldito trabajo y del tiempo

No basta, porque cuando quiso hablar de un problema
Tu le dijiste niño será mañana, es muy tarde
Estoy cansado

No basta, comprarle todo lo que quiso comprarse
El auto nuevo antes de graduarse
Que viviera lo que tú no has vivido

No basta, con creer ser un padre excelente
Porque eso te dice la gente
A tus hijos nunca les falta nada

No basta, porque cuando quiso hablarte de sexo
Se te subieron los colores al rostro y te fuiste

No basta, porque de haber tenido un problema
Lo habrá resuelto comprando en la esquina
Lo que había, lo que había

No basta, con comprarle curiosos objetos
No basta, cuando lo que necesites es afecto
Aprender darle valor a las cosas
Porque tú, no le serás eterno

No basta, castigarlo por haber llegado tarde
Si no has caído ya tu chico es un hombre
Ahora más alto y más fuerte
Que tú, que tú

No basta, no basta
No basta, no basta
No basta, no basta"[50].

Ante este panorama de los embarazos precoz y de las adolescentes embarazadas, es necesario y oportuno hacer una distinción entre la sexualidad y las relaciones sexuales pues de alguna forma estamos confundiendo estos dos términos de manera errónea y equivoca, ya que la sexualidad abarca al ser de manera ontológica, antropológica, ética y social, y no se limita únicamente al ser sexual como solamente en la actualidad se quiere entender y expresar.

Es por eso que a través de esta obra se tratara de descubrir y comprender ese ente ontológico que nos permita profundizar la sexualidad del ser humano y no confundirla con las relaciones sexuales, esas relaciones sexuales que son y han sido el problema principal por la que se presentan los embarazos de nuestras jóvenes adolescentes, pero sobre todo quien es ese "yo" como ser humano, como persona, que al parecer en la actualidad desconocemos quienes somos, y que esto ha acarreado la problemática de las jóvenes adolescentes embarazadas.

## SEGUNDA PARTE

## LA DIMENSIÓN ONTOLÓGICA DEL SER HUMANO

Antes de entrar a la dimensión ontológica del ser humano (mujer y hombre), es necesario reflexionar sobre la causa principal por la que se presenta la problemática de las adolescentes embarazadas.

Si bien es cierto, la política pública a tratado de dar solución a esta situación de los embarazos precoz a través de programas de educación sexual, los resultados esperados no han sido los suficientes para erradicar, o por lo menos disminuir los índices de embarazos en las jóvenes adolescentes.

Partiendo de esta perspectiva, consideramos que la situación que guarda en las adolescentes embarazadas, aun cuando existen políticas públicas para proteger a las adolescentes del riesgo de embarazo, consideramos que los adolescentes, tanto hombre como mujer, desconocen esa dimensión ontológica del ser humano y en donde, podemos señalar que es la causa principal de que las jóvenes adolescentes se embarazan.

Para abordar esta situación de qué somos como personas o seres humanos, nos remontamos hasta la antigua Grecia, en donde buscaron dar respuesta a esa dimensión ontológica del ser humano. Así tenemos a uno de los siete sabios de aquella región, Tales de Mileto, que buscaba dar respuesta a la problemática de aquella época y de la existencia del ser humano.

Y así tenemos:

Las 9 respuestas del sabio TALES DE MILETO

"Un sofista se aproximó a Tales de Mileto e intentó confundirlo con las preguntas más difíciles. Pero el sabio de Mileto estaba a la altura de la prueba.

 Respondió a todas las preguntas sin la menor vacilación y con la mayor exactitud".

Las 9 respuestas de un sabio

1. ¿Qué es lo más antiguo?

Respuesta: Dios, porque siempre ha existido.

2. ¿Qué es lo más bello?

Respuesta: El Universo, porque es obra de Dios.

3. ¿Cuál es la mayor de todas las cosas?

Respuesta: El Espacio, porque contiene todo lo creado.

4. ¿Qué es lo más constante?

Respuesta: La esperanza porque permanece en el hombre después de que lo ha perdido todo.

5. ¿Cuál es la mejor de todas las cosas?

Respuesta: La Virtud, porque sin ella no existiría nada bueno.

6. ¿Cuál es la más rápida de todas las cosas?

Respuesta: El Pensamiento, porque en menos de 1 minuto nos permite volar hasta los confines del universo.

7. ¿Cuál es la más fuerte de todas las cosas?

Respuesta: La necesidad, porque es con lo que el hombre enfrenta todos los peligros de la vida.

8. ¿Cuál es la más fácil de todas las cosas?

Respuesta: DAR CONSEJOS.

Pero cuando llegó a la novena pregunta, el sabio de Mileto dio una respuesta tan inesperada, que a su interlocutor sofista le pareció paradójica,...quizás porque no entendió su profundo significado...

9. ¿Cuál es la más difícil de todas las cosas?

El sabio de Mileto respondió:

CONOCERSE A SÍ MISMO"[51].

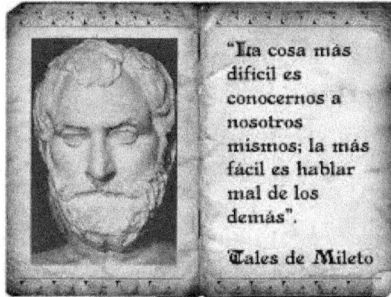

"La cosa más difícil es conocernos a nosotros mismos; la más fácil es hablar mal de los demás".

**Tales de Mileto**

Posteriormente, en el Siglo de Oro de la filosofía griega, entre el V y el IV aparece la filosofía de Sócrates, que dejando atrás la reflexión de la cosmología, se adentra en el "yo", para tratar de dar solución a la problemática de aquella época e iniciar así la llamada filosofía humanística con la finalidad de conocer con profundidad qué es el ser humano.

Para esto, y tratar de conocer la esencia del ser humano, Sócrates se hace las siguientes preguntas. "¿Para qué conocer el mundo…si no me conozco a mí mismo? ¿Qué soy yo mismo y que mi razón, ese instrumento de que me valgo para conocer?"[52].

¿Qué es el ser humano? Es una de las interrogantes que a través de las diferentes culturas, de las civilizaciones y del mismo desarrollo humano, tratan de responder y buscar respuesta a lo que es el ser humano.

Si nos remontamos a la historia, especialmente en la filosofía griega antigua, fueron los pitagóricos los primeros que se preguntaban qué es el ser humano, de tal manera que para esa corriente filosófica el ser humano es una composición de elementos materiales y del alma.

Para Heráclito, él busca una respuesta así mismo, señalando que el hombre tiene un alma tan frágil, que nunca llegaría a conocerse.

Con Protágoras, se tiene una concepción inmanentista pues, es conocida su frase "el hombre es la medida de todas las cosas".

Con Sócrates, nos presenta una postura de reflexión interior, de tal manera que buscando la sabiduría, encuentra en el hombre o ser humano su verdad.

En Platón, con su antropología filosófica, señaló que el hombre vale por su alma, y que el alma está incrustada en el cuerpo, además de que el alma siempre ha existido desde que se uniera al cuerpo.

Para Aristóteles, es un algo entre las demás cosas, "no es propiamente un "yo" entre las cosas sino más bien es un "el" entre las cosas"[53].

Para la filosofía judío-cristiana, el hombre (varón o mujer) tiene otra dimensión y presenta un nuevo giro a la antropología, ya que el hombre deja de ser una cosa, un algo o un objeto, y de manera categórica afirma que el hombre es un persona o sujeto, que de todas las cosas existentes en el universo, es poseedor de una dignidad humana que lo diferencia de todas las demás cosas que hay y pudieran vivir en este mundo.

Para poder definir qué es el hombre o ser humano, es demasiado complicado. Sin embargo tenemos que partir de algo o de una aproximación que nos permita llegar a una realidad y tener la capacidad para llegar a una definición real y esencial de ese ser abstracto y complejo que llamamos hombre o ser humano. Para esto recurriremos a pensadores en busca de ese sentido de lo que ese "yo", en esta realidad en la vida. He aquí algunas ideas de lo que es el ser humano.

- "El hombre es una parte de la naturaleza". (Presocráticos).
- "El hombre es un Prometeo encadenado". (Sófocles).
- "El hombre es un lobo para el hombre". (Plauto,Bacon y Hobbes).
- "EI hombre es pensamiento". (Descartes).
- "El hombre es imagen de Dios". (S. Agustín y Orígenes).
- "El hombre es una cuerda tendida entre el animal

y el súper hombre". (Nietzsche).

- "El hombre es un animal que puede prometer" (Nietzsche).
- "El hombre es el animal que se engaña a sí mismo". (Ernst).
- "El hombre es un animal simbolizante". (Casiirer).
- "El hombre es un animal espiritual". (Lavelle).
- "El hombre es un animal inteligente". (D`Ors).
- "El hombre es un animal enfermo". (Unamuno).
- "El hombre es un espíritu encarnado". (G. Marcel).
- "El hombre es un mamífero dominante". (Burnett).
- "El hombre es un animal gesticulante". (Morris).
- "El hombre es un animal representativo". (Landmann).
- "El hombre es un animal interrogante". (K. Rahner).
- "El hombre es un animal inquieto y curioso". (De Finance).
- "El hombre es un animal cultural". Mainardi).
- "El hombre es un animal biológicamente deficiente". (Gehlen).
- "El hombre es un animal semiótico". (Van Lier).
- "El hombre es un animal de proyectos". (C. Paris).
- "El hombre es un animal de incierto". (Garaudy).
- "El hombre es un animal ladino". (Rico).
- "El hombre es un animal que fabrica utensilios". (Franklin).
- "El hombre es un animal paradójico". (Lorite Mena).

- "El hombre es un animal de despedida". (Alvarez Turienzo).
- "El hombre es un animal parlante". (Gusdorf).
- "El hombre es un animal fabulador". (U. Eco).
- "El hombre es un enigma inagotable". (Sanabria).
- "El hombre es una paradoja viviente". (Sanabria).
- "El hombre es un animal interrogante". (K. Rahner).
- "El hombre es un dios caído que se acuerda el cielo". (A. de Vigny).
- "El hombre es un sujeto espiritual". (Sciacca).
- "El hombre es un animal racional". (Aristóteles)[54].

Como podemos observar, no pocos pensadores o filósofos han buscado dar una respuesta a los qué es el ser humano, sin embargo muchos de estos pensadores o filósofos han tratado de definirlo, pero más que definirlo, solo lo han descrito o han llegado a una descripción, lo que sí es un hecho es que el ser humano es una realidad concreta, y partiendo de esa realidad concreta debemos de entender y comprender en sí los qué es el ser humano.

Para fines de nuestro estudio y análisis, y tratar de comprender la naturaleza humana, vamos a considerar la definición del ser humano, "animal racional", del filósofo griego Aristóteles, considerando que es la que más se acerca a esa realidad concreta a la que llamamos ser humano.

De tal manera, que nuestro estudio, sobre lo que es el ser humano, lo consideraremos desde el punto de vista de manera ontológica, es decir, a partir de "lo que es" el ser o el ente, de tal forma que esto nos permitirá profundizar y abstraer a ese ser humano que es muy complejo, pero que no deja de ser un ente real y concreto.

No cabe duda que todas las cosas son, son algo, así tenemos una silla que es algo, es una cosa, es un objeto, pero en el ser humano existe una realidad muy diferente a la silla o a los seres vivos como los animales y las plantas. El ser humano no es una cosa, no es un algo, mucho menos no es un objeto, es un ser que tiene una esencia y una existencia que lo hace trascendente a todas las demás creaturas que se encuentran a su alrededor, de ahí la dimensión ontológica del ser... humano.

## Esencia y existencia

Todas las cosas, objetos o seres tienen una esencia, que se distinguen entre sí, de tal manera que el ser humano se diferencia de todos los demás seres, llámese cosas, objetos y otros seres vivos. Llamaremos esencia como "aquello por lo que una cosa sea lo que es"[55]. Así tenemos que la esencia de un vaso, es vaso, la esencia de un gato, es gato, la esencia de oro es oro, pero la esencia del ser humano (aparentemente), es un ser humano, pero con una diferencia especifica que lo distingue de todos los demás seres, de tal manera que con esa distinción, la esencia del ser humano es de animal racional.

Así podremos señalar y considerar cuatro aspectos en el ser humano, para su mayor comprensión: 1) animal; 2) racional; 3) alto; y 4) alto. Los cuatro aspectos son parte constitutivos del hombre, pero con la gran diferencia que aunque no fuese delgado y alto, no dejaría de ser hombre, de tal manera que estos dos aspectos no forman la esencia del ser humano, sin embargo si le despojamos de los términos animal racional, entonces se perdería la esencia y dejaría de ser hombre o un ser humano.

En cuanto a la existencia del ser humano, durante mucho tiempo los grandes pensadores o filósofos no se preocuparon por definir o estudiar la existencia de los seres o cosas, pues para ellos era evidente que a través de los sentidos se podía aprehender la existencia de las cosas o seres, y poco el uso del intelecto humano, de tal forma que no era necesario de utilizar argumentos o realizar juicios para demostrar la existencia de las cosas.

Sin embargo, en el transcurso del pensamiento filosófico,

surgió la polémica de la esencia como parte de la existencia o si se presentaba una diferencia entre esencia y existencia, de ahí la frase "pienso, luego existo" de Rene Descartes, de tal manera que se podría caer en discusión, ya que primero existimos y después pensamos o primero pensamos y luego existimos. Aquí no se trata de crear polémica, pues caeríamos que fue primero ¿el huevo o la gallina?

Para salir de esta controversia, tomaremos la definición de Francisco Ginebra que dice "la existencia es aquello que intrínsecamente y formalmente hace que el Ser exista, es decir, que sea actualmente real"[56]. Es así por ejemplo, si yo observo un vaso de cristal, puedo decir que el vaso existe o tiene existencia, es real.

De tal manera y para fines de comprensión, la existencia del ser, nos debe de responder a la pregunta ¿existe la cosa o el ser? ¿Existe Paco?, podemos afirmar que la cosa, el ser o Paco existen.

Tengamos cuidado, ya que se puede caer en la confusión de que la existencia es lo mismo que la esencia, pero se presenta una gran diferencia y lo comprobamos, pues vivimos en un mundo donde predomina el problema existencialista y se olvida lo que somos como esencia.

## Substancia y accidente

Todos los seres pueden tener la siguiente constitución substancial, así tenemos substancias materiales, como la madera; substancia espiritual como el ángel; substancias completas como el hombre o ser humano o el agua ($H_2O$), y por último, subtancias incompletas que es el caso del alma y del cuerpo humano.

Entrando en tema, y definiendo la palabra substancia, esta proviene del latín substantia  en lo que sub-stat, lo que esta abajo, y así tenemos que "sustancia es aquella realidad cuya esencia o naturaleza le compete ser en sí, no en otro sujeto"[57]. Para hacer más comprensible y aplicarlo a los seres concretos, y en otras palabras, substancia es todo ser o ente que existe en sí mismo y no en otro, por eso decía Aristóteles, "el ser es uno, pero se dice de muchas maneras".

Así un gato es una subtancia, porque de acuerdo a su naturaleza le corresponde subsistir en sí, de tal manera que cada uno de los seres, como caballo tiene substancia de caballo, el del ratón substancia de ratón, y podríamos deducir que la substancia de cualquier ser, está ligado o relacionado con su propia naturaleza.

De igual manera, la dimensión substancial de cada uno de los seres, tienen una dimensión estática, es decir, el caballo no dejaría de ser caballo, el ser humano no dejaría de ser hombre, de tal forma que cuando estos seres dejan de poseer su substancia o subsistir en sí es cuando culmina su ciclo de su propia naturaleza.

En cuanto al "accidente" en el ser, tal vez nos hemos preguntado por que soy alto, delgado, moreno, o por que las silla es de color café, la mesa es grande o el libro es grueso, pues bien lo alto, lo grueso, el color café o tamaño de una mesa son accidentes.

De tal manera que definiremos el "accidente" como "lo que requiere de otro para existir en él"[58]. Así tenemos que la altura, lo delgado o moreno de un ser o persona para que exista o se refleje en la realidad, es necesario que la substancia de la persona o ser este presente. Así podemos decir que el color café para que se refleje en la realidad, en un objeto o cosa debe de ser pintado de color café, y ese objeto o cosa bien podría ser una silla pintada de color café, o lo grueso de un libro para que se dé lo grueso, debe de existir un libro para que se refleje o se dé lo grueso, a esto se le menciona como accidentes del ser o de los entes.

Por otra parte, tenemos la substancia en el jabón, que es jabón, pero también posee ciertos accidentes que pueden ser de tamaño regular, de un color verde y con cierto aroma de manzanilla. De esta forma vamos encontrar o presentar en los accidentes del ser una dimensión dinámica, esto es, que los accidentes están ordenados a existir en otro ser. En otras palabras podrán cambiar los accidentes en una persona, por eso hablamos de una dimensión dinámica en el ser, pero en el caso de la substancia de los seres, ahí se presenta una dimensión estática.

## Acto y potencia

Acto y potencia son términos o nociones correlativos, que al mismo tiempo, tanto se oponen como se complementan, de tal forma que todos los seres de la naturaleza conforman una composición de acto y potencia. Así pues, el acto, para su comprensión lo definimos como el Ser actual, el momento mismo, lo actual, "es lo que es", mientras la potencia, "lo que no es todavía, pero puede llegar a ser. La potencia es un ser comparado con la nada; no ser, en comparación con el ser"[59]. O sea, el acto.

Así podemos decir de la semilla que se encuentra en acto, puede llegar a ser en potencia, una planta; el árbol que se encuentra en su estado actual, puede convertirse en potencia, en un trozo de madera, pero ese mismo trozo de madera que ya es su estado actual, está en potencia de convertirse en una meza o silla.

Lo mismo ocurre en el hombre o en la naturaleza humana, pues en la etapa de la infancia del ser humano, se encuentra en acto, pero estará en potencia a llegar a ser o estar en la etapa de la pubertad o adolescencia, y así sucesivamente, el ser humano es un estar en acto y llegar a ser, a través de la potencia.

Tengamos cuidado, en no confundir los términos de acto y potencia, con la substancia en el ser, recordemos que la susbstancia es parte de la dimensión estática del ser humano, mientras que el acto y la potencia lo debemos de considerar en la dimensión dinámica del ser humano, a través de sus accidentes.

## Materia y forma

Este tema, materia y forma, reviste una gran importancia ya que nos permitirá conocer y comprender, con mayor profundidad, esa dimensión ontológica, y a la vez la composición del ser, del qué soy yo, pero especialmente en cuanto a lo que es la substancia del ser humano.

Como ya se ha señalado , todos los seres, entre ellos el ser humano poseen esencia y existencia; substancia y accidente; y el acto y potencia corresponden, hasta este momento, elementos para determinar la concepción del ser humano, sino también partiremos del concepto de la substancia de este, es decir, ya no tanto de una noción que se tiene sobre la esencia y existencia, ya no tanto de mi actividad como ser de acto y estar en potencia, pero que mis accidentes no me hacen Ser, sino que para un mejor entendimiento de lo que soy como substancia en relación de materia y forma.

Para una mejor comprensión, recorreremos lo que han señalado algunos pensadores y filósofos, respecto a lo que soy, de qué estoy compuesto, cual es mi composición. Para esto haremos referencia a las diferentes acepciones de la composición o compuesto del ser humano.

Para Platón, el hombre o ser humano es un ser compuesto, en donde se presenta una unión de alma y cuerpo, donde el caballo es la materia y el alma es el jinete, de tal manera que sin caballo no hay ser humano, y sin jinete, o sea el alma, tampoco existiría el hombre, en otras palabras, cualquiera que sea, jinete (alma) o caballo (materia), todo en el ser, es accidental.

Para Descartes, también se presenta una unión entre cuerpo y alma, pero de forma accidental, de tal manera que el alma únicamente se aloja en el cuerpo, por eso su tesis principal, "primero pienso y luego existo".

En cuanto a Leibniz, para él, en el ser humano existe una unión accidental entre cuerpo y alma e independientes cada una de ellas, esto derivado de una armonía que ha sido pre establecida por Dios.

Como podemos observar. Estos filósofos y pensadores tratan de definir lo que es el ser humano, de tal manera que lo definen de manera accidental y no de manera substancial, y da la impresión que en vez de definir al ser humano o al hombre lo describen de forma accidental y no substacial. Pues es de notarse para que el ser humano tenga existencia, debe de existir en algo, como es la idea de estos pensadores.

Sin embargo, se presenta la teoría o premisa aristotélica-tomista en donde señala que el ser humano es un compuesto de alma y cuerpo, es decir hay una unión substancial  o composición hile mórfica y, eso es el ser humano. Y no una unión accidental como los señalaban algunos pensadores  ya mencionados.

La tesis de la concepción del ser, a través del hilemorfismo, (del gr. Hyle=materia y morfhe=forma[60].), nos indica la composición del ser ontológico, en este caso del ser humano, es un compuesto de materia y forma. Es decir, a través del concepto del hilemorfismo se presenta la unión substancial entre cuerpo y alma. De tal forma que el ser humano está formado por una materia (cuerpo), y por una forma (alma), aunque son dos substancias, por separado serian incompletas, por eso la necesidad y conveniencia de la unión substancial de materia y forma para llegar a ser, uno solo y dar como resultado al ser humano.

De tal manera, que la esencia del ser humano es única, ya que el alma por separada, por si sola, no es o sería una substancia completa que de forma a la materia, siempre y cuando esté unida al cuerpo tendríamos de manera substancial lo que es el ser humano.

Además de que el todo del ser humano, del yo, se presenta la individualidad del ser, y esto hace posible que cada uno de nosotros, como seres humanos seamos distintos.

Es notorio que no existe el ser humano teórico o abstracto en nuestra realidad, lo que existe son los seres humanos concretos, reales, con vida, de carne y huesos, que padece y goza, que se alimenta, que tiene pasiones, aspiraciones, libertad y voluntad para llegar hacer lo que debe de ser, he ahí la trascendencia del ser humano en su existencia.

De tal forma, que nuestra composición material y espiritual, el ser humano, desarrollará su personalidad, a través de dimensión ontológica, tanto en su manera estática como en su manera dinámica, aunado a esto, con su temperamento y carácter, propiciara una adquisición de hábitos que influirán en su manera de ser.

En resumen, la dimensión ontológica del ser humano, inicia con su existencia en el momento que aparecemos en la vida o en este mundo, el ser humano, ese yo, soy real, con su esencia humana que me permite ser lo que soy en acto y que puedo llegar a ser en potencia y subsistir en mi (substancia), y aunado a mis capacidades y crecimiento (accidentes), me permite tener como persona o sujeto la dignidad humana a través de la unión substancial del cuerpo y alma (materia y forma), y me hace trascendente en este cosmos llamado universo.

En otras palabras, desde el momento del nacimiento , mi ser es actual y real, soy el yo (acto y existencia), y que en los diferentes ciclos de la vida (potencia), llámese infancia, pubertad, a dolencia, etcétera, soy lo que soy como ser humano (esencia), además en el proceso de desarrollo de mi persona y periodos de nuestra existencia (accidentes), que me permite con mi naturaleza de subsistencia (substancia) de composición y unión substancial materia (cuerpo) y forma (alma), ser ese yo trascendental con la finalidad de alcanzar una vida lograda como ser humano.

## TERCERA PARTE

## SEXO, SEXUALIDAD Y HACER EL AMOR

Sexo y sexualidad son términos distintos, que en la actualidad lo relacionamos como idénticos, sin embargo debemos de distinguir cada uno de estos términos para no caer en la confusión. Sexo y sexualidad son actos también del hombre o ser humano, son inherentes al ser y son parte de su naturaleza, pero es necesario destacar la gran diferencia entre estos dos conceptos.

Escribir sobre sexo, es hablar sobre las características anatómicas y fisiológicas tanto del varón como de la mujer, así el crecimiento de los pechos en la niña, la aparición del vello en partes íntimas y la menstruación. En relación con el varón, se presentan cambios en el pene y en el escroto, estos cambios generalmente se presentan en la pubertad, entre los 10 a los 16 años, tanto para las jovencitas como para los varones.

En cuanto a la sexualidad, se debe diferenciar del sexo, pues aunque se den elementos distintivos entre varón y mujer, la sexualidad abarca, aparte de las características anatómicas y fisiológicas, los aspectos emocionales y psicológicos en el ser humano.

Partiendo de esta distinción entre sexo y sexualidad, es necesario que se fomente una educación sexual integral, partiendo de la sexualidad del ser humano, especialmente en la etapa de la adolescencia haciendo hincapié, de los riesgos, efectos y consecuencias de las relaciones sexuales, que desembocan en un embarazo precoz. Ya que es en esta etapa de la adolescencia, es donde se debe de fomentar una educación sexual, que haga conciencia en los jóvenes de esos riegos, pues en esta etapa de la adolescencia los jóvenes están en potencia de formar su carácter a través de sus sentimientos, emociones y sus pasiones, de tal manera que estos elementos serán determinantes para toda su vida, especialmente en los jóvenes.

En proporción a la palabra amor, relacionada con la sexualidad, la palabra amor es un término que se ha tergiversado y connotado, pues hemos visto y escuchado en películas, series de televisión y novelas, que cuando se insinúa una posible relación sexual se dice, "vamos hacer el amor", que tan equivoco se utiliza el lenguaje para dicha expresión.

Podemos decir, que tener relaciones sexuales o "hacer el amor", en nada se comparte o comunica con el significado real de la palabra amor. Vayamos por partes, si bien es cierto que realizar el acto sexual produce placer, no significa que ese placer sea producto del amor, como lo quieren dar entender en este tipo de situaciones que se nos presentan en las películas o telenovelas.

Se puede observar que en los seres vivos se posee instintos, de tal manera que frente a ciertos estímulos, realizamos ciertos actos, sin embargo el instinto sexual de los animales es el mismo que el de los seres humanos.

Si ponemos ejemplos de actos o relaciones sexuales en los animales, podemos señalar que realizan la misma función que la de los seres humanos, pero la gran diferencia es que en los animales no tienen la libertad, la voluntad ni la inteligencia que posee el ser humano, que le permita visualizar las consecuencias de sus actos. Pero se asemeja el animal con el ser humano, pues el producto de esa unión o acto sexual, de alguna u otra forma termina en la reproducción de la especie.

Otra gran diferencia entre los animales y seres humanos en cuestión de la unión sexual, es cuando se presenta la relación sexual en los animales, por su irracionalidad lo hacen en público, sin importar si los miran u observan, en cambio en el ser humano , hay algo íntimo y privado, ajeno a la vista de los demás, en el ser humano se tiene un escudo invisible que se llama pudor, y este es el reflejo de la dignidad humana, del ser humano que lo hace superior a cualquier ser existente en este mundo.

Por eso no podemos aceptar que la relación sexual es lo mismo que "hacer el amor", pues la relación sexual no es exclusivo del ser humano, el amor es otra cosa, muy distante de lo que se dice  en cuanto a satisfacer el instinto o apetito sexual.

Podemos decir, que la gran diferencia entre el mal llamado, "hacer el amor" o unión sexual, con la palabra amor es su trascendencia y apetencia por la sexualidad. ¡Cuidado! Jovencita cuando te digan "vamos hacer el amor", ya lo mencionamos, los animalitos no hacen el amor, es su instinto, es su acto sexual cuya finalidad, sin que la perciban, es la reproducción de la especie, en el ser humano es diferente.

En el ser humano, el amor es y debe ser otra cosa y no confundirla con el simple hecho de una relación sexual. Para que mejor se comprenda y entienda esta diferencia, pongamos la semejanza de la relación sexual de los animalitos y el ser humano. Vamos a suponer que los animalitos se "enamoran" del cuerpo, en cambio el ser humano se enamora del carácter virtuoso de su pareja. Realizamos esta semejanza para distinguir la relación sexual entre los animalitos y los seres humanos, y no confundir la relación sexual con el amor.

Pongamos en palabras de Enrique Rojas, esta gran diferencia "el que está enamorado del cuerpo, lo está de una cosa que no es constante, pues tan pronto como cesa la lozanía, ese amor se marcha en un vuelo, tras mancillar muchas palabras y promesas; en cambio el que está enamorado de un carácter virtuoso lo sigue estando a lo largo de toda su vida, ya que está inseparablemente fundido con una cosa estable"[61].

Es así pues, en los animalitos se da esa unión sexual porque está enamorado del cuerpo (instinto sexual), en cambio en el ser humano, cuando se enamora, se enamora de la esencia y carácter de lo humano (apetito sexual racional), no del cuerpo, como lo hacen los demás seres.

Para una mejor comprensión, reflexionemos la canción "amar y querer", del autor Manuel Alejandro, que interpreta José José, ahí encontraremos la gran diferencia entre "hacer el amor" y el amor, entre enamorarse del cuerpo, y enamorarse de la esencia del ser humano. Sí, porque la palabra amor tan difícil de comprender o definir, en esta canción la describe con gran profundidad de lo que es el amor.

Amar y querer

"Casi todos sabemos querer
Pero pocos sabemos amar
Y es que amar y querer no es
igual
Amar es sufrir, querer es
gozar

El que ama pretende servir
El que ama su vida la da
Y el que quiere pretende vivir
Y nunca sufrir, y nunca sufrir

El que ama no puede pensar
Todo lo da, todo lo da
El que quiere pretende olvidar
Y nunca llorar y nunca llorar
El querer pronto puede acabar
El amor no conoce el final
Es que todos sabemos querer
Pero pocos sabemos amar

El amar es la cielo y la luz
El amar es total plenitud
Es el mar que no tiene final
Es la gloria y la paz, es la

gloria y la paz

El querer es la carne y la flor

Es buscar el obscuro rincón
Es morder, arañar y besar
Es deseo fugaz, es deseo
fugaz

El que ama no puede pensar
Todo lo da, todo lo da
El que quiere pretende olvidar
Y nunca llorar y nunca llorar

El querer pronto puede acabar
El amor no conoce el final
Es que todos sabemos querer
Pero pocos sabemos amar

El que ama no puede pensar
Todo lo da, todo lo da
El que quiere pretende olvidar
Y nunca llorar y nunca llorar

El querer pronto puede acabar
El amor no conoce el final
Es que todos sabemos querer
Pero pocos sabemos amar".

Ya comprenderán jóvenes adolescentes, la importancia de una educación integral en relación a tu sexualidad, para que en ésta etapa de tu vida no te confundas y tengas un mejor conocimiento de tu existencia y esencia de lo que eres como ser humano.

# LAS NORMAS COMO MEDIO DE PREVENIR LOS

# EMBARAZOS EN LOS ADOLESCENTES

Una de las formas, para prevenir o disminuir el índice de jóvenes adolescentes embarazadas, es recurrir a las normas que rigen el entorno del ser humano en sociedad, pues es sabido que el ser humano vive y convive en comunión con la sociedad.

Para esto debemos de considerar, que las normas, reglas y leyes que regulan el actuar del ser humano, tienen como finalidad de crear un ambiente armónico, que propicie el desarrollo de bienestar de la persona y de la propia sociedad.

Así tenemos que las leyes, según Montesquieu son" las relaciones necesarias que derivan de la naturaleza de las cosas; y en este sentido todos los seres tienen sus leyes."[62].

De tal manera, de aquí se deriva la ley o norma jurídica obligatoria y general para todos los miembros de la sociedad, con sus respectivos derechos y obligaciones, para garantizar la convivencia social. De tal forma que el Estado, tuvo a bien, regular la edad de los jóvenes adolescentes para que las relaciones sexuales sean permitidas a través de la norma jurídica, a tal grado que modificó la edad mínima para que los jóvenes contraigan el matrimonio, y la amplió hasta la edad de 18 años, con el objetivo de evitar los embarazos en los adolescentes.

De esta forma el Estado, buscar prevenir o reducir el índice de jóvenes embarazadas, pues también en el estado de Chihuahua se incrementaron el número de divorcios de parejas jóvenes, pero también de jóvenes de madres solteras.

En cuanto a la norma religiosa, y siendo el ser humano un compuesto de cuerpo y alma o espiritualidad, vamos a encontrar en las personas que aceptan, de manera voluntaria o íntima, ciertas normas para el desarrollo de su vida y contraen ciertos deberes para con Dios y para la propia sociedad. De tal manera que encontramos ciertos ordenamientos religiosos que regulan el actuar de las personas referente a las relaciones sexuales, pues en uno de sus principios señala cual es la finalidad de las relaciones sexuales. Por eso jóvenes adolescentes, si comulgan con algún credo religioso, es importante que acudas y te informes sobre la importancia de las relacione sexuales y así tratar de evitar un embarazo precoz.

Por otra parte, y siendo la ética una ciencia practica que nos proporciona las normas del deber ser como ser humano o persona, así tenemos que "persona es un individuo dotado de razón"[63]. Partiendo de esta definición de persona, el actuar del ser humano debe de estar sujeta a los principios o normas morales a través de la recta razón con la finalidad de que el ser humano tenga una vida plena o lograda.

De tal manera es necesario que el ser humano descubra cómo debe ser su actuar dentro de la sociedad y para sí mismo, a través de las normas morales, y se pueda adquirir como persona, la integridad y dignidad que le corresponde de acuerdo a su naturaleza.

Como podrán observar jóvenes adolescentes, las diferentes normas, ya sean jurídicas, religiosas o morales, son medios que nos permiten conducirnos en la sociedad de manera consciente, si las practicamos se podrá lograr una vida integra y plena, y así evitar que se incremente el número de jóvenes embarazadas.

REFLEXIONES

La situacion de las jóvenes adolescentes embarazadas, no es una situacion de una sola persona, es de un binomio, hombre y mujer. Por lo tanto la corresponsabilidad es de ambos, donde a esta edad se cambia la diversión para convertirse en obligación.

La famosa "prueba de amor" en la adolescencia, es una falacia pues está comprobado que del cien por ciento de las jóvenes que inician su vida sexual, entre la edad de los 12 a 19 años, más de la mitad se embarazan a la primera vez por medio de la prueba de amor.

Tener sexo o relaciones sexuales en la etapa de la adolescencia, es una cuestión o decisión seria y delicada, pues se corre el riesgo del embarazo en las jóvenes, con su respectiva consecuencia donde se puede contraer las enfermedades de transmisión sexual que ponen en peligro su vida, la de su pareja y la de su bebé. Por eso jóvenes adolescentes, "todo llega a su debido tiempo, solo hay que saberlo esperar', sí, esperar a la etapa adulta para entender que una cosa es la sexualidad y otra cosa es el sexo. Pero además, de que tu organismo no está preparado por tu inmadurez orgánica de tu ser y tener efectos negativos de manera emocional.

Por ahí habrás leído o visto en las redes sociales, los mensajes dirigidos a los jóvenes, como este que dice: "cuidado con las relaciones sexuales, pues puede aparecer un bebé y desaparecer un papá, aparecer enfermedades y desaparecer sueños". Aunque parezca cómico o gracioso, no deja de ser una realidad que viven los jóvenes adolescentes, ya que se presentan divorcios, separaciones, abandono y hasta maltrato, tanto para la mujer como para el bebé.

"El sexo no es una moda, es un riesgo", y vamos a encontrar

en una gran cantidad de películas, series de televisión, novelas, y anuncios publicitarios, que de alguna manera tácita, incide en la consciencia y en nuestro inconsciente que lo hacen ver como una moda, y provoca que despierte el apetito sexual. Por eso, algunos mercadólogos señalan que el sexo vende, y más cuando influye en nuestra imaginación. De por sí, "si el niño es risueño, luego haciéndole cosquillas", que podemos esperar.

Recuerda joven adolescente, no es lo mismo tener relaciones sexuales, con las insinuaciones de "hacer el amor", pues un pequeño error puede cambiar drásticamente tu vida. Debes aprender de las experiencias de los demás, y veras que tu realidad en tu adolescencia podrá ser o sentir mariposas en el estómago, y no paraditas dentro de tu ombligo.

Sobre  la dignidad del ser humano, de lo más sublime y excelsa, la dignidad de la mujer está por encima de la del hombre, pues en la dignidad de la mujer se encuentra la semilla que germina y se desarrolla la vida de otros seres, por lo tanto, tú jovencita, tú mujer, cuida tu dignidad y que no se te vea como un objeto sexual.

## AGENDA DE VIDA

Cada uno de nosotros como seres humanos, nos construyen y construimos nuestra agenda de vida, la cual la podemos comparar con las 24 horas que tiene un día.

De las 05:00 hasta las 09:00 horas, es el momento del inicio de nuestra existencia, donde nuestros sentidos visuales, captan los primeros rayos de la luz natural, y a partir de ese momento, ya somos lo que somos (esencia), además soy real (existencia), aun cuando no tenga consciencia de que existo, y que requiero de cuidados de una manera constante y especial, pues somos de los pocos seres vivos que requiere de estos cuidados y de protección para la propia seguridad. Estamos describiendo la etapa de la infancia, desde el momento de nacer hasta los nueve o diez años de edad. Podemos decir, que en este ciclo de vida, eres como un diamante en su estado natural, una piedra (diamante), que va requerir un cuidado muy especial.

De las 09:00 hasta las 15:00 horas, estaremos entrando a la etapa de la adolescencia y juventud, es decir, entre los 10 a los 25 años de edad. Es la etapa en donde mi "yo", está en mi (substancia), y en ese tránsito de esta etapa de vida, mi actuar (accidentes), dependerá de lo que soy (acto), para poder desarrollar (potencia) mis aptitudes, mis capacidades, mis habilidades y destrezas, de tal manera, el ser humano siendo un compuesto (materia y forma), tenga los medios, para que en el futuro tenga realizada una vida plena o lograda.

No obstante, en esta etapa de la adolescencia y juventud, para algunos jóvenes, es la etapa de la diversión, del juego, donde no se practica la responsabilidad en cualquier actividad que se desarrolla en esa edad, y se refleja en la situación de las jóvenes embarazadas, para otros, es la etapa más difícil por los cambios fisiológicos y emocionales. Sin embargo jóvenes, no piensen que los mejores años de sus vidas como adolescentes, sean los mejores años de su existencia, les puedo asegurar que los mejores años de la vida, estarán en la madurez y vejez.

Pues es en la juventud donde aprendemos, en la madurez cuando debemos de mejorar como seres humanos, y es en la vejez en donde entendemos, lo que correctamente hicimos para tener una vida plena, y llegar a esa edad, que no pocos pueden cumplir.

Por eso jóvenes, deben de comportarse de acuerdo a esta etapa de su vida, ya que lo que siembran en esta etapa, así la cosecha recogerán en los siguientes años de su vida.

 De esta manera jóvenes adolescentes, cultiven el hábito del estudio, pues el estudio nos adiestra para la vida, para estar bien y es un camino para alcanzar la felicidad.

Como ya se ha dicho, en esta etapa de la vida, podrá ser difícil para los jóvenes, pero también es en esta etapa donde se ponen los ladrillos para construir el camino de la vida, donde ya se materializan los sueños que tuvimos en la infancia, donde se forja el temperamento para afrontar los peligros de la vida, para sortear las adversidades que nos ponen como obstáculo e impiden conquistar nuestros sueños.

Las tareas, en esta etapa, no son nada fácil, para eso se requiere, esfuerzo, trabajo, dedicación y constancia, es decir, hábitos buenos para que se conviertan en virtudes. Evitar los hábitos malos que nos conducen a los vicios, como son la pereza, la inconstancia, el ocio, pues ya dice el dicho, "si las cosas que valen la pena se hicieran fácilmente, cualquiera las haría".

 Es así, que en la adolescencia, si la comparamos con un diamante, está en la etapa del diamante en bruto, y tú joven adolecente serás el tallista que le dará forma a esa piedra preciosa y la preparas para que refleje lo brillante de ese diamante, como debe de brillar tu vida en esta etapa de la adolescencia.

De las 15:00 hasta las 21:00 horas, entras a la madurez que

oscila entre los 25 a los 55 años de edad, en donde ya forjaste tu temperamento, y ya eres lo que eres; un profesionista, un trabajador o un empleado, con más obligaciones y deberes. Ya eres parte del desarrollo de la sociedad, con tu propia familia o familiares. Aquí en esta parte de tu vida se reflejará, lo que hiciste en tu adolescencia o juventud.

Todavía en esta etapa, sigues siendo el tallista de tu propia esencia y existencia, que se refleja en ese diamante, donde tú actuar como joven adolescente se manifestará en la preparación de ese diamante para que luzca como un brillante, o tal vez, seas un tallista, que tiene en sus manos ese diamante de vida, y en vez de pulir para que brille lo dejes opacar.

De las 21:00 horas en adelante, y hasta el fin de nuestra existencia, y ya con 55 años, donde inicia la vejez, hemos sido los arquitectos de nuestro vivir y porvenir, en donde llegar a esta etapa, y no hacer lo que hace un joven, pero lo que hacemos, siempre tratamos de hacerlo mejor.

En esta fase de la vida, somos los mejores o peores tallistas de diamantes, pues es la fase final, para que el diamante sea lo que es, el pulido de ese diamante estará bien o estará mal, con lo brillante o lo gris de lo que fue la juventud y lo que se desarrolle en la etapa de madurez. De tal manera que el pulido y radiante de ese diamante, perdurará, y dependerá como nos fue en la vida. Además porque el ser humano es una joya, es un brillante, es un diamante. No desperdiciemos lo que la naturaleza nos regala, y lograr así una vida plena, una vida lograda y una sexualidad responsable.

# SOBRE LOS AUTORES

Luis Francisco Martínez Ruiz, es maestro en Administración y Lic. en Administración. Consultor de la Comisión Federal de Electricidad en el tema de Liderazgo. Profesor de Tiempo Completo de la Universidad Autónoma de Chihuahua, adscrito a la Facultad de Ciencias Políticas y Sociales. Recibe comentarios en lfmarti2000@yahoo.com.mx.

Víctor Hugo Medrano Nevárez, es maestro en Comunicación Política e Ing. Industrial. Profesor de Tiempo Completo de la Universidad Autónoma de Chihuahua, adscrito a la Facultad de Ciencias Políticas y Sociales. Integrante del Grupo Disciplinar del Tercer Sector y Política Social de la UACH Recibe comentarios en hmedrano@uach.mx.

Rubén Borunda Escobedo, es maestro en Administración, Lic. en economía y Lic. en Filosofía. Profesor de Tiempo Completo de la Universidad Autónoma de Chihuahua, adscrito a la Facultad de Ciencias Políticas y Sociales. Integrante del Grupo Disciplinar del Tercer Sector y Política Social de la UACH Recibe comentarios en ruborun@uach.mx.

¹ Gómez, Francisco. "Padre a los 13 años". P.M. (Cd. Juárez, Chih.) 13 de julio de 2010, 12-E p.

² Pbro. Heziquio Trevizo Bencomo. "Embarazo de adolescentes". El Diario de Juárez (Cd. Juárez. Chih.) 26 de mayo de 2013, 24-A p.

³ Josefina Martínez. "Inician Campaña para prevenir embarazos en adolescentes". El Diario de Juárez (Cd. Juárez. Chih.) 29 de septiembre de 2014, 4-B p.

⁴ Margarita Vega Mendoza. "Repunta en ciudades del país número de madres adolescentes". El Diario de Juárez (Cd. Juárez. Chih.) 24 de abril de 2011, E-A2 p.

⁵ Ibíd., E-A2 p.

⁶ Ibíd., E-16A p.

⁷ Nurit Martínez Carballo. "Crece número de adolescentes que dejan aulas por embarazo". El Diario de Juárez (Cd. Juárez. Chih.) 7 de diciembre de 2012, 13-A p.

⁸ Ibíd., 19-A p.

⁹ Paula Chouza. "Embarazo a la primera, 1 de cada 2

mexicanas". El Diario de Juárez (Cd. Juárez. Chih.) 12 de mayo de 2014, 16-A p.

[10] Martha Elba Figueroa. "Impulsa diputada cambio a ley de educación sexual". El Diario de Juárez (Cd. Juárez. Chih.) 19 de abril de 2014, 18-A p.

[11] Adriana Esquivel. "Carecen de un plan de desarrollo profesional". Norte de Ciudad Juárez. 16 de febrero de 2015, 3-A p.

[12] Pbro. Heziquio Trevizo Bencomo. "Embarazo de adolescentes". El Diario de Juárez (Cd. Juárez. Chih.) 26 de mayo de 2013, 24-A p.

[13] Hérika Martínez Prado. "Mueren 7% de jovencitas que deciden abortar: IMSS". Norte de Ciudad Juárez. 2 de febrero de 2015, 2-B p.

[14] Érika Hernández. "Lanzan estrategia para reducir 50% embarazo precoz". El Diario de Juárez (Cd. Juárez. Chih.) 24 de enero de 2015, 24-A p.

[15] Josefina Martínez. "Inician Campaña para prevenir embarazos en adolescentes". El Diario de Juárez (Cd. Juárez. Chih.) 29 de septiembre de 2014, 4-B p.

[16] Martha Elba Figueroa. "Impulsa diputada cambio a ley de educación sexual". El Diario de Juárez (Cd. Juárez. Chih.) 19 de abril de 2014, 18-A p.

[17] Adriana Esquivel. "Carecen de un plan de desarrollo

profesional". Norte de Ciudad Juárez. 16 de febrero de 2015, 3-A p.

[18] Karen Cano. "Más de 6 mil adolescentes en el estado forman en su vientre a un bebé". El Diario de Juárez (Cd. Juárez. Chih.). 18 de marzo de 2013, 4-A p.

[19] Adriana Esquivel. "Carecen de un plan de desarrollo profesional". Norte de Ciudad Juárez. 16 de febrero de 2015, 3-A p.

[20] Florencia Piedra Juri. "El 25% de los embarazos son en adolescentes". El Diario de Juárez (Cd. Juárez. Chih.). 14 de julio de 2014, 9-A p.

[21] Adriana Esquivel. "Planearon quedar embarazadas mayoría de adolescentes encinta". Norte de Ciudad Juárez. 16 de febrero de 2015, 1-A p.

[22] Claudia Sánchez. "Reanudarán programa preventivo de embarazos en adolescentes". Norte de Ciudad Juárez. 2 de marzo de 2011, 1-B p.


[23] Beatriz Corral Iglesias. "Reportan aumento de muertes de adolescentes embarazadas". Norte de Ciudad Juárez. 28 de marzo de 2011, 2-B p.

[24] Eleazar Reza. "Alarma cantidad de partos entre menores de 19 años". El Diario de Juárez (Cd. Juárez. Chih.). 2 de

febrero de 2012, 1-B p.

[25] Nancy González Soto. "En aumento los embarazos entre adolescentes". Norte de Ciudad Juárez. 11 de julio de 2012, 1-B p.

[26] Guadalupe Félix. "Aumentan en Juárez los casos de adolescentes embarazadas". Norte de Ciudad Juárez. 10 de diciembre de 2012, 3-A p.

[27] Ibíd., 3-A p.

[28] Eleazar Reza. "De entre 15 y 19 años, quienes más tuvieron partos y abortos en el Hospital de la Mujer". El Diario de Juárez (Cd. Juárez. Chih.). 13 de enero de 2013, 1-B p.

[29] Paola Gamboa. "Falta de conciencia en jóvenes causa embarazos prematuros". Norte de Ciudad Juárez. 18 de agosto de 2013, 2-A p.

[30] Karen Cano. "Tienen menos de 19 años 4 de cada 10 mamás aquí". El Diario de Juárez (Cd. Juárez. Chih.). 3 de noviembre de 2013, 8-A p.

[31] Hérika Martínez Prado. "Adolescentes, el 62% de las embarazadas". Norte de Ciudad Juárez. 1 de febrero de 2014, 1-A p.

[32] Iván Lucio Alvillar. "En 2013 fueron madres 1,500 menores de entre 13 y 16 años". El Diario de Juárez (Cd. Juárez. Chih.). 6 de mayo de 2014, 16-B p.

[33] Paola Gamboa. "Al alza "pandemia" de embarazos juveniles". Norte de Ciudad Juárez. 15 de septiembre de 2014, 4-B p.

[34] Hérika Martínez Prado. "Son hijos de adolescentes más propensos a enfermarse". Norte de Ciudad Juárez. 2 de febrero de 2015, 2-B p.

[35] Antonio Calleja. "Embarazos prematuros son de mayor riesgo, advierten". El Diario de Juárez (Cd. Juárez. Chih.). 4 de abril de 2012, 2-B p.

[36] Beatriz Corral Iglesias. "Reportan aumento de muertes de adolescentes embarazadas". Norte de Ciudad Juárez. 28 de marzo de 2011, 2-B p.

[37] Beatriz Corral Iglesias. "Adolescentes embarazadas se exponen a enfermedades de transmisión sexual". Norte de Ciudad Juárez. 29 de marzo de 2011, 2-B p.

[38] Ibíd., 5-B p.

[39] Silvia Otero. "Tienen menores mexicanos vida sexual precoz y de riesgo". El Diario de Juárez (Cd. Juárez. Chih.). 16 de enero de 2012, 15-A p.

[40] Beatriz Corral Iglesias. "Corren riesgo de muerte las menores embarazadas". Norte de Ciudad Juárez. 5 de junio de 2012, 1-B p.

[41] Guadalupe Félix. "Aumentan en Juárez los casos de

adolescentes embarazadas". Norte de Ciudad Juárez. 10 de diciembre de 2012, 3-A p.

[42] Hérika Martínez Prado. "Mueren 7% de jovencitas que deciden abortar: IMSS". Norte de Ciudad Juárez. 2 de febrero de 2015, 2-B p.

[43] Karen Cano. "Más de 6 mil adolescentes en el estado forman en su vientre a un bebé". El Diario de Juárez (Cd. Juárez. Chih.). 18 de marzo de 2013, 4-A p.

[44] Hérika Martínez Prado. "Es aborto otro serio problema en menores". Norte de Ciudad Juárez. 1 de febrero de 2014, 6-A p.

[45] Beatriz Corral Iglesias. "Desestiman menores el riesgo de embarazo". Norte de Ciudad Juárez. 5 de junio de 2012, 3-B p.

[46] Marisol Rodríguez. "El embarazo en la adolescencia". Norte de Ciudad Juárez. 22 de mayo de 2010, 1-D p.

[47] www.dicelacancion.com/letra-ana-mana. El tema "Ana" de Maná pertenece a su disco "MTV Unplugged". La letra de la canción "Ana" fue publicada el 1 de enero de 1999 con su vídeo musical e información. (consultado el 19 de septiembre 2016).

[48] Guadalupe Félix. "Aumentan en Juárez los casos de adolescentes embarazadas". Norte de Ciudad Juárez. 10 de diciembre de 2012, 3-A p.

[49] Beatriz Corral Iglesias. "Deciden atender embarazos de jóvenes en las escuelas". Norte de Ciudad Juárez. 27 de marzo de 2011, 6-A p.

[50] www.dicelacancion.com/letra-no-basta-adrian. El tema "No basta" de Adrián que cuenta con la colaboración de Franco de Vita pertenece a su disco "Lleno de Vida". La letra de la canción "No basta" fue publicada el 15 de abril de 2016. (consultado el 19 de septiembre 2016).

[51] hhtpp://williamusmav.blogspot.mx/2015/02/las-9-respuestas-del-sabio-tales-de.html (consultado el 11 de octubre 2016)

[52] Gambra Rafael Historia sencilla de la filosofía, p. 58.

[53] Sanabria José Rubén, Ética, p.41

[54] Sanabria José Rubén, Filosofía del hombre, p.69.

[55] Alvira, Tomas y Melendo Tomas, Metafísica, p. 29.

[56] Ginebra Francisco, Elementos de filosofía, p.201.

[57] Alvira, Tomas y Melendo Tomas, Metafísica, p. 54.

[58] Gambra Rafael, Historia sencilla de la filosofía, p. 79.

[59] Ibíd., 78 p.

[60] Muller-Helder, Breve diccionario de filosofía, p. 217.

[61] Rojas Enrique, La ilusión de vivir, p.72.

⁶² Preciado Hernández Rafael, Lecciones de filosofía del derecho. P. 71.

⁶³ García Alonso Luz, Ética o filosofía moral, p. 35.

## BIBLIOGRAFÍA

Alvira, Tomas y Melendo Tomas, Metafísica, Eunsa, España, 2001.

Gambra Rafael Historia sencilla de la filosofía, Minos, México, 1997.

García Alonso Luz, Ética o filosofía moral, Diana, México, 1986.

Ginebra Francisco, Elementos de filosofía, Subirama, España, 1925.

Muller-Helder, Breve diccionario de filosofía, Helder, España, 1981.

Rojas Enrique, La ilusión de vivir, Planeta mexicana, México, 1999.

Sanabria José Rubén, Ética, Porrúa, México, 2005.

Sanabria José Rubén, Filosofía del hombre, Porrúa, México, 1987.